DESPERTAR, RENACER, VIVIR
© Sandra Arcas Martín
Diseño de portada: Dpto. de Diseño Gráfico Exlibric

Iª edición

© ExLibric, 2026.

Editado por: ExLibric
c/ Cueva de Viera, 2, Local 3
Centro Negocios CADI
29200 Antequera (Málaga)
Teléfono: 952 70 60 04
Fax: 952 84 55 03
Correo electrónico: exlibric@exlibric.com
Internet: www.exlibric.com

ISBN: 979-13-88079-78-8
Depósito Legal: MA 196-2026

Impresión: PODiPrint
Impreso en Andalucía – España

Nota de la editorial: ExLibric pertenece a Innovación y Cualificación S. L.

SANDRA ARCAS MARTÍN

DESPERTAR,
RENACER, VIVIR

ExLibric

ANTEQUERA 2026

Dedicatorias

En primer lugar, quiero dar las gracias a Dios y a esas figuras religiosas que tengo tan presentes; a esa luz que nos rodea, que no se ve, pero que siento tan cerca. Aunque en el libro agradezco a Dios universo energía, soy creyente y sé que Dios me acompaña en este proceso.

Dedico este libro a mi esposo; es mi calma, mi llanto, esa luz en la oscuridad, ese abrazo callado que con solo sentirlo sabes que no estás sola. A veces calla, pero con el saber estar lo dice todo.

A mis hijos, Andrea, Adrián y Benjamín, que son amor y paz.

A mi nieta, Valentina, que me recuerda esa niña interior que llevo dentro, me llena de alegría y me hace rememorar lo que es tener ilusión y saber disfrutar de lo más sencillo. Mirar sus ojos me colma de felicidad y me hace evocar la ternura, la inocencia y la sencillez, tan fáciles de ver en los ojos de un niño si aprendemos a detenernos un momento y prestarles nuestra atención.

Dedico este libro a mis padres, a quienes con los años parece que los quisiera aún más. En verdad creo que ese amor incondicional ha estado siempre presente, solamente que ahora también he aprendido a apreciar la infancia de sencillez, humildad y valores que me han dado, la cual les agradezco con el corazón, ya que son los que han hecho que me convierta en la persona que soy hoy.

A mi abuelo, al que casi con cien años tengo la dicha de tener cerca y agradezco poder besar y abrazar siempre que quiero; y a los que están en el cielo, a quienes siento aún cerca. Todos ellos dejaron huella en mí y me dieron su mejor herencia: valores, humildad y respeto a mí misma y a los demás.

A mi tía Loli y mi tío Antonio, que son hogar, calma y paz.

A mi hermano, mi cuñada y mis sobrinas, a lo que quiero decirles que los quiero.

A mi cuñado Juan, que siempre está ahí.

Cómo no, a los amigos que se quedaron en mi vida, haciéndome notar que la familia no solo es de sangre, que hay personas puras y limpias de corazón que me rodean y que, que aunque no son muchos en cantidad, sí son mucho corazón. GRACIAS, os quiero mucho.

También quiero agradecer a la familia y los amigos que han cumplido su misión en mi vida y me dejaron atrás. Gracias a ellos también he crecido, he comprendido que no les hago falta y agradezco que estén bien y sean felices. Con su paso por mi vida, he aprendido de esa soledad, tan incomprendida al principio, pero a su vez tan necesaria. Gracias a ellos también ha ocurrido este bendito despertar.

Nota de la autora

Escribí este libro como un desapego de mi alma rota, como un alivio de mi voz callada, como un suspiro del alma que calla, que quiere hablar y que por fin habla.

Como aquel vuelo que empleé en silencio, pero que se siente firme y fuerte a la vez.

Como esa esencia. Esa conciencia que se expande abriendo un nuevo camino lleno de luz, paz, amor y esperanza.

Como aquel primer vuelo del pájaro que empieza a volar inestable y firme a la vez. Con la certeza de que, una vez empieza, el camino atraviesa, alivia, calla, anda, avanza, que todo se siente, se expande, se sabe y se llena de luz, que calma y que da amor en el interior. Es una sensación buena y evolutiva que no pude dejar de compartir, ya que es muy positiva y da mucho bienestar.

Noté que mi cuerpo y mi mente estaban cambiando, empecé a enfocarme y a apreciar las cosas más sencillas.

«En la sencillez, en las pequeñas cosas también está la felicidad».

Ese amanecer que nos sorprende cada día: distinto cielo, distintas nubes, distintos colores. La curiosidad por descubrir la verdad que había dentro de mí, lo que yo realmente quería hacer, cómo me sentía.

«Inquietudes de mi alma».

En mi interior, las inquietudes de mi mente, el trabajo mecánico, la casa, las compras en el supermercado, mi único objetivo era cumplir con mis responsabilidades, sin pensar que también podía cumplir con mis objetivos. Podía soñar y realizarme como persona.

Mi alma me lo estaba pidiendo a gritos. Me pedía que me permitiera vivir, soñar, realizarme. Entonces me di cuenta.

El camino empezaba por mí. Empecé a darle importancia a los sentimientos, a actuar con el corazón. Con mi comportamiento todo cambiaba a mi alrededor.

Que el secreto no era intentar cambiar a nadie, era cambiar yo. Que ese cambiar de los demás era mejor hacerlo conmigo, ya que si mi comportamiento era mejor, a mi alrededor todo era mejor. Se respiraba armonía.

Empecé a liberarme de las cadenas, como el miedo, el odio la envidia…

Cambiando yo, adquiriendo una paz mental, espiritual y abundancia.

Me di cuenta del poder de la mente y de que todos llevamos ese poder dentro.

«Somos más fuertes de lo que creemos y más capaces de lo que sabemos».

Me di cuenta de la importancia que tiene conectar con nosotros mismos, con nuestra esencia, que está en nuestro interior, solo hay que aprender a conocernos y a escucharnos. También aprendí a escucharme y a escuchar a mi corazón. Aprendí que la felicidad está en mi interior y aprendía a darle cabida en mi vida.

El amor se demuestra.

«A veces vale más un abrazo que mil palabras».

A veces te hace más feliz dar a los demás, porque recibes paz, bienestar y amor.

«Cuando entregas con el corazón se te devuelve con el alma».

LA ENERGÍA QUE DAS ES LA QUE RECIBES.

Eso de dar sin recibir nada a cambio no es verdad, hay veces que recibes más de lo que das: una mirada, una palabra, un abrazo. Cuando tienes el corazón lleno de gratitud y de cariño, lo tienes todo.

A veces lo tenemos todo y no nos damos cuenta.

«Con la riqueza espiritual viene la abundancia material».

Un día decidí ser feliz y nada me frenó.

Aprendo, vivo y sueño.

Observé que la felicidad es la sencillez que nos empeñamos en complicar.

«La felicidad es ese lugar en tu alma que te llena de plenitud en todos los sentidos».

La abundancia la tenemos ahí, pero no la sabemos ver.

Un día decidí vivir la vida y ser feliz.

Trazando mi ruta

NUEVA MENTALIDAD

Para encontrarse a uno mismo, solo hay que dedicarse tiempo, aunque sea un poquito.

Todos tenemos, si queremos, un ratito al día para nosotros. Yo me levantaba antes que nadie en mi casa, fue la mejor decisión que tomé en ese momento, ya que empecé a conocerme mejor y a mirar hacia mi interior. Llevaba mucho tiempo meditando, esta vez decidí ser más constante. Meditando por las mañanas hacía que mi mente se despejara para un nuevo día.

Aquí te dejo una meditación para encontrar tu hoja de ruta hacia tu felicidad.

Encuentra un lugar tranquilo preferiblemente por la mañana o a una hora en la que el sueño no te venza.

MEDITACIÓN DE TUS SUEÑOS CAMINO A TU FELICIDAD

Ponte en una postura cómoda, sentada o tumbada con las palmas de las manos hacia arriba. Cierra los ojos, relájate y respira.

Siente cómo tu cuerpo se va relajando, empezando por los dedos de los pies y siguiendo por los pies, las rodillas, las caderas, la cintura. Vas relajando los brazos, las manos, los dedos de las manos. Se relaja tu cuello, la mandíbula, la nariz, los ojos, las orejas y el cuero cabelludo.

Coge aire en cinco segundos.

Retenlo en dos segundos.

Suéltalo en siete segundos.

Has lo mismo cuatro veces.

Imagina que vas caminando por el campo, una suave brisa te da en la cara, sientes el sol, tocas la hierba y los árboles, ves incluso algún animalito corriendo. Te sientes en paz; te aproximas a la vida de tus sueños. Te ves a ti mismo haciendo lo que realmente quieres hacer con las personas y las mascotas a las que tú quieres, te ves con todo aquello que anhelas. Lo sientes tuyo, sientes que lo tienes y te sientes tan feliz. Quédate un ratito ahí, disfrútalo, es tuyo, lo sientes tuyo. Eres merecedor de tener todo lo que quieres, todo aquello que te hace feliz.

Visualizas tus sueños, tu trabajo ideal, tu casa ideal, lo que te gusta, lo que te divierte y lo que te hace feliz.

Siéntete libre, siéntete bien. Siente que en tu pecho se expande esa sensación de felicidad y bienestar.

Después ve volviendo. Retoma tu respiración, vuelve a ti. Mueve suavemente tus pies, tus manos, tu cuello y abre despacio los ojos.

Ya lo tienes.

Agradece a dios, al universo, a la energía, a quien tú quieras y creas, este ratito de sanación, el haber visto tu sueño, el sentir tu sueño hecho realidad.

Eres grande y poderoso.

PANEL DE VISUALIZACIÓN

Ponlo en un sitio de tu cuarto, ya sea en un corcho, en una cartulina en tu mesita de noche, en una libreta, donde más te guste. El objetivo es verlo antes de acostarte y nada más levantarte, cuando tu mente está despejada y empieza a crear tu nuevo día.

Pon todo aquello que te hace feliz. Ponlo en frases como si ya lo tuvieras y agradécelo. Puedes poner fotos de momentos felices que quieres repetir con aquellas personas que te hacen feliz.

Una foto de tu coche ideal, de tu casa ideal, incluso, si te gusta viajar, un sitio donde quieras ir, una casita de juguete… Lo que tu imaginación te diga, lo importante es que disfrutes haciéndolo.

Verlo al levantarte te animara a ir a por ello.

COGE UN RATITO PARA TI TODOS LOS DÍAS

Tu ratito único para ti es fundamental, lo que puedas, quince o treinta minutos.

El mío es por las mañanas, cuando mi mente está despejada. Es ese ratito de café a solas. Si puedes meditar, hazlo: concéntrate, cierra los ojos, mira hacia tu interior.

Puedes coger también un ratito a solas en el que pasees por el campo, la playa, de ver un anochecer o un amanecer o en tu casa a solas. No te preocupes, te enseñaré a hacerlo.

AGRADECE TODOS LOS DÍAS

Hay un ejercicio muy efectivo que, haciéndolo todos los días, te hace darte cuenta de lo afortunado que eres.

Agradece todos los días siete cosas distintas, no vale repetir. Al tercer o al cuarto día te hará reflexionar sobre las dichas del día anterior: esos buenos momentos, esas buenas cosas que te hicieron sentir bien y te sacaron una sonrisa.

Agradecer todo lo bueno que llegó a ti siempre en positivo. Agradece todo lo bueno que tienes en tu vida.

Agradece estar sano.

Agradece cuando haces un pago, porque tienes para pagarlo.

Agradece porque puedes pagar y tienes tu nevera llena.

Recuerda agradecer todos los días cosas distintas, eso te ayudará a reflexionar y a sentirte afortunado.

Todo tiene un porqué y un para qué, te lo explico más adelante.

Coge una libreta en blanco. En esa libreta apunta cómo te vas sintiendo día a día. Apunta las cosas especiales que te pasen.

A medida que pasen los días irás notando cambios muy positivos para ti y tu alrededor: cambios, hábitos, comportamientos, muchas satisfacciones, pequeñas y grandes cosas. Apúntalo todo, te hará darte cuenta de lo poderosa que eres. Verás esa alma grande y poderosa que eres.

Cuando termines este libro lee todo lo apuntado. Ahí encontrarás tu tranquilidad, tu prosperidad y tu felicidad.

SEMANA 1

En primer lugar, darte la enhorabuena por haber decidido elegirte a ti.

Eligiéndote a ti, para tu prosperidad, se te abrirán nuevos caminos, personas y oportunidades.

Se quedarán contigo aquellos que vibran como tú: «La energía que mueves es la que atraes».

APRENDEREMOS A MOVER LA ENERGÍA QUE QUEREMOS EN NUESTRA VIDA.

La energía que das es la que recibes. Por eso muévela siempre en positivo, intégrala en tu día a día, llévala contigo.

Día 1: LIMPIEZA DE ESPACIOS

Imagina que llegas a casa de trabajar con la idea de relajarte y estar tranquilo, pero tu salón está sucio, desordenado, incluso tu sofá está viejo y quieres cambiarlo, ¿qué solución pones?

Con tiempo limpias el salón, tiras todo lo roto y viejo, pintas, incluso si quieres cambiar el sofá, compras uno nuevo más cómodo y tiras el viejo. Todo esto lo haces con ilusión, y lo disfrutas.

Lo mismo pasa con nuestra mente, tenemos que soltar lo que no nos gusta, lo que no nos aporta y lo que no nos hace sentir bien.

Te explico.

En este primer día lo haremos con lo material, cogeremos la rutina de elegir un día a la semana y durante cinco o quince minutos, vamos depurando cada rincón de nuestro hogar. Lo vamos a hacer muy poco a poco: un día un cajón de la cocina o el comedor, otro día la mesita de noche...

PARA ATRAER ABUNDANCIA, HAY QUE DEJARLE SITIO.

DÍA 2: LIMPIEZA DE MENTE Y ALMA

Haz una lista en tu libreta de cosas que no te hacen feliz, que no te gustan y que no te aportan y no te llenan, deshazte de ellas. Ve tachándolas a medida que las vas deshaciendo.

Te digo algunas.

Los pensamientos en bucle.

Aquello que no puedes hacer nada para solucionar.

Aquello que te entristece.

Aquello que no te hace feliz.

SUÉLTALO.

Se te viene a la cabeza, vuélvelo a soltar, piensa en otra cosa.

Una vez escuché a una persona mayor decir: «Cuando no puedas quitarte algo de la cabeza, mueve las manos».

En ese momento no lo entendí, después me di cuenta de que es así. Nuestros mayores son sabios que la vida nos da; es un lujo escucharlos, pero no todos saben apreciarlo.

Cuando tienes ese pensamiento, si pones tus pensamientos en hacer otra cosa, como pintar, cocinar, ir a comprar, distraes tu mente y no piensas tanto en ello. Al principio pensarás en aquello diez veces en una hora, después diez veces en dos horas, después diez veces en un día, llegará el momento en el que ya ni te acordarás.

Cuando es algo que sí tiene solución

Cuando es algo que sí tiene solución y no das con la tecla, no te colapses, despeja tu mente, suéltalo en ese momento, proponte un momento de tranquilidad para meditar y pensar la solución o las posibles opciones. Si es algo muy complicado, pospónlo unos días, despéjate en tu día de descanso. Con tu mente fresca y despejada, la solución te vendrá mejor. A veces la solución te viene sin esperarlo, de la palabra de alguien, que sin querer ni esperarlo te la da, o como un chispazo que te viene a la cabeza. Eso suele pasar cuando la mente está más despejada: son milagros que te vienen.

«En tus ratitos de soledad, tu mente se expande y te da lugar a que pasen esos pequeños milagros, esas ideas».

Nuestra mente es más poderosa de lo que creemos, solo tenemos que aprender a escuchar a nuestro corazón.

Cuando es una persona

Si lo que te tiene amargado es una persona o algún problema que hayas tenido con ella. Hablándolo, lo puedes solucionar. Si, por el contrario, no tiene solución, suéltalo, déjalo ir, deja ir a esa persona también; no obstante, si la tienes que ver todos los días o a menudo, porque esté en el trabajo, sea un familiar o un vecino, intenta tener un trato mínimo y cortés: hola, adiós y poco más, lo justo, siempre, claro está, que no sea nada extremista. En ese caso, pide ayuda siempre, no te dejes avasallar ni pisotear. Tu paz mental es lo primero.

Cuida tu autoestima. Eres un alma bella y bondadosa capaz de muchas cosas, brillas por ti misma.

Día 3: superpoder

Todos tenemos un superpoder, solo tenemos que descubrirlo y dejarlo aflorar.

No te preocupes si no lo has descubierto aún, lo descubrirás mirando hacia tu interior, lo tienes lo que pasa es que no te has dado cuenta. Está ahí, solo tienes que dejarlo salir y potenciarlo.

Meditación del superpoder

Ponte cómoda.

Relaja todo tu cuerpo.

Empezando por los dedos de los pies y siguiendo con los tobillos, las rodillas, la cintura, el estómago, los dedos de las manos, el cuello, la mandíbula, los dientes, los ojos, las orejas y el cuero cabelludo.

Centra tu atención en la respiración.

Coge aire durante cinco segundos.

Reten en dos segundos.

Suéltalo en siete segundos.

La última respiración hazla más profunda, más intensa, sintiendo esa respiración.

Imagina que vas por un bosque con los pies descalzos: sientes el frescor de la hierba en los pies, pasas la mano por esa hierba mojada del rocío de la mañana, incluso ves algún animalillo comiendo y paseando libremente, ves una escalera y subes, hay una habitación y al final un balcón, te asomas y te ves en tu día. Ves todo lo bueno en lo que resaltas: esa sonrisa hacia los demás, te sientes bien y satisfecho, por lo que vuelves a entrar a la habitación, ahora hay otro balcón, te asomas y ves algo que te llama la atención, algo que te gusta, puede ser algo que querías hacer hace tiempo, o algo nuevo. Te sientes bien, pletórica. Ves y sientes una luz blanca que entra por tu cabeza y sale por tu pecho, rodeándote a ti y a todos tus sueños, es tu superpoder. La recoges pasados unos minutos en tu pecho, te sientes bien, a gusto, feliz, por último, bajas las escaleras mientras cuentas los peldaños del diez al uno.

Empiezas a mover los tobillos, los brazos el cuello, abre los ojos despacio.

Apunta en tu libreta tus virtudes, lo que has visto y cómo te sentiste. Empieza a resaltar esas virtudes en tu día a día, ahí tienes tu superpoder.

Día 4: cosas que te hacen feliz

Haz una lista de cosas que te hacen feliz y de personas que quieres en tu vida, las que ves a diario y las que no ves tan a menudo, por trabajo o por distancia...

Una vez apuntado todo, incorpóralas en tu día a día, propóntelo.

Apunta las cosas más pequeñitas, pero que también te hacen feliz y te hacen sentirte bien, como ese café que te gusta o esa cremita para la cara, ponlas en tu panel de visualización.

«En las cosas más sencillas se encuentra ese pedacito de felicidad diario».

Primero, hay que proponerse las cosas más pequeñitas que te hacen sentir bien, de esta forma se refuerzan tu confianza. A medida que tienes lo más pequeñito, vas yendo a por las cosas más grandes, por ejemplo, si quieres viajar, vas guardando todos los meses algo de dinero en tu sitio secreto. Si quieres estudiar, ponte un horario para dedicarlo a ese estudio.

Día 5: personas que te hacen feliz

Las personas que tienes en tu lista que te hacen feliz y que tienes en tu corazón.

A las que tienes cerca y que ves todos los días, dales un beso o un abrazo, que tus últimas palabras al despedirte de ellas sean bonitas y con amor: un hasta pronto, un te quiero, un beso…

Si ves que pasas poco tiempo con ellas, proponte pasar más, diles: «Yo a esta hora estos días estoy libre, quedamos».

No hace falta mucho tiempo, solo un desayuno, una merienda en una cafetería, compartir al menos un ratito. Si se quiere más y se puede, un cine, un concierto para bailar, una playa que visitar o un día de campo.

A las que están lejos, llámalos, escríbeles, diles que los extraños, diles cómo estás y que te acordaste de ellos. Date la alegría de hablar con ellos, incluso si no están demasiado lejos, habla de descansos, ve a verlos, siempre hay algo que hacer: una fiesta, un café, una cena, un almuerzo. Cualquier excusa es buena para darle un gusto a tu corazón y a tu alma.

Si están todavía más lejos, habla con ellos a menudo, comparte momentos, anécdotas, sé feliz, usa las tecnologías, las videollamadas, lo que se te ocurra, preocúpate por como están, alégrate por esas personas que de verdad quieres.

Cuando lo hagas, mándales un mensaje de vez en cuando; ellas lo harán contigo también.

DÍA 6: SIÉNTETE AFORTUNADO

Siéntete afortunado por las cosas que tienes, por las personas que tienes alrededor que te quieren, que te aprecian y a las que también tú quieres.

Esos pequeños placeres, por ejemplo, esa ducha calentita al llegar a casa. Esas personas que te quieren, que te cuidan, que te miman y que te aportan, pueden ser, familia, amigos o esa persona que ves a diario y que siempre tiene una sonrisa para ti y es amable contigo.

Siente los momentos, vívelos, siéntete feliz.

Día 7: BALANCE

El último día de la semana, mira lo que has apuntado en tu libreta, si necesitas volver a meditar o hacer algún ejercicio, hazlo.

Disfruta de tu día. Te estás limpiando; estás sanando.

Deja entrar el amor, por ti, por los demás, por las cosas más sencillas.

Estás elevando tu vibra y la estás transmitiendo a los demás.

SEMANA 2

Día 1: NO A LA CRÍTICA

No critiques si no quieres ser criticado, ni estés en círculos donde se critique, porque el próximo puedes ser tú.

La crítica te baja la vibración y está ligada a sentimientos como la envidia, que no te aportan nada.

Sé generoso. Según las leyes kármicas, todo lo que das acaba volviendo a ti tarde o temprano. La energía que das acaba volviendo a ti; no obstante, no se trata de dar lo que no tienes. Ser generoso no es solo dar una sonrisa, también es ser amable: no sabes por lo que están pasando las demás personas, no juzgues sin saber.

Da una moneda a quien le haga falta o ponga una hucha por una buena causa, a ti no te supone nada. Si muchas personas hacen la misma acción esa persona podrá comer ese día o esa buena acción tendrá un achuchón.

La generosidad es también invitar a un amigo a tomar un café, ese café vendrá de vuelta otro día.

La generosidad con uno mismo es comprarse ese helado que te gusta; es ponerse o comprarse esa camiseta que te gusta; es ponerse ese perfume. Piensa en ti y en hacer eso que te gusta, y lo más importante disfrutarlo.

Apunta cómo te sientes cuando eres generoso, tanto contigo como con los demás.

DÍA 2: NO A LA COMPARACIÓN

No te compares con nadie: todas las personas son distintas y únicas.

Todos tenemos un camino, un propósito no te fijes en el de nadie, fíjate en el tuyo.

«Eres único. Tienes la llave de la abundancia, úsala». Repite: «Soy maravilloso. Soy abundante».

Repasa las cosas pequeñitas de tu panel de visualización: ¿las estás haciendo día a día?, ¿qué otras estás consiguiendo?

Plantea algo divertido para tu día de descanso. «VIVE».

Recuerda tus ratitos de felicidad: un café, una infusión, una ducha calentita. Disfrútalo.

Esos pequeños placeres nos dan la felicidad.

Esas cositas pequeñitas van sumando; si las disfrutas y las sientes, al cabo de un tiempo te das cuenta de que te hacen sentir tan bien que son fundamentales en tu vida.

Agradece y siéntete agradecido.

Estás aprendiendo a mover la energía a tu favor. Puedes ir organizándote e irte proponiendo conseguir cosas más grandes a medida que vas consiguiendo las más pequeñitas.

DÍA 3: DEJA LA ENVIDIA

Despójate de esa energía que no te aporta ni te hace feliz, mucho menos te beneficia para nada. Alégrate de la fortuna de otros, ya que la tuya vendrá de camino. Se educado, no te enfades sin ningún motivo.

Lo que el otro tiene a ti no te interesa, mira tu interior, quién eres, qué es lo que quieres, y ve a por ello.

Día 4: aprender a decir «no»

Siéntete libre, aprende a decir «no» a eso que no quieres hacer, a lo que no te hace sentir bien, a lo que no quieres en tu vida.

El día que aprendí a decir no a eso que era un abuso para mí, mi alma se liberó. El peso de esa acción o de esa persona se soltó, me sentí libre, mi mente se despejó. Me di cuenta de que soy libre, soy yo, y solo yo tengo mi esencia, que es lo que me hace especial.

«Todos somos únicos y especiales».

Me digo «sí» a mí: a dedicarme más tiempo, a ser yo…

La felicidad sale de dentro, nadie va a ser feliz por ti. Recuerda esto, cada vez que pienses «voy a ser esto que quiero; me hace ilusión, pero me da corte, o soy muy mayor para hacerlo», no te quedes con las ganas, no pienses y, hazlo. Vive siente aquello que te gusta, disfrútalo. Tu felicidad es tuya.

Me di cuenta de que ser libre es una de las cosas más importantes que tenemos.

Podemos elegir nuestro camino, somos libres para equivocarnos, para aprender y, lo más importante, para ser felices.

Digo sí a mí, porque es mi esencia, doy lo mejor de mí, a mí misma y a los que están a mi alrededor, ya que mi energía se expande y vuelve en forma de amor, afecto, generosidad y abundancia, que es lo que doy.

Ese día que decidí decir que sí a mí, saqué esa alma fuerte, poderosa y especial. Sácala.

DÍA 5: LA COMPASIÓN

Llegados a este punto, hemos soltado lo material, todo aquello que no queremos, hemos sanado y hemos soltado a personas de nuestras vidas que no nos hacen bien.

Damos un repaso a lo que no queremos y a lo queremos en nuestras vidas, apuntamos cómo nos sentimos. Ve llenando tu mente y tu corazón de cosas bonitas. Acuérdate de tu ratito para ti todas las mañanas.

Meditación de la compasión

Coge una postura cómoda. Relaja tu cuerpo de los pies a la cabeza, coge aire en cuatro, reten en cuatro y suelta en cuatro. Hazlo con los ojos cerrados, las palmas de las manos hacia arriba, los pies en el suelo con las rodillas flexionadas, o tumbado en una postura cómoda, intenta no dormirte.

Imagina que vas caminando por el campo, sientes el sol en la cara, una ligera brisa de aire, te sientes bendecido, con esa sensación de paz, amor, calma. Sigues caminando y llegas a una zona de árboles frutales, coges fruta, te apetece mucho sentarte en la sombra de un árbol a disfrutarla. También ves unos pájaros y unos conejos a tu alrededor, incluso cualquier otro animal con el que compartes tu fruta. Te envuelve una tranquilidad, una paz, después ves a unos niños y también compartes tu fruta con ellos. Sientes una luz rosa que entra por tu cabeza y recorre todo tu cuerpo, y sale por tu pecho. Es una energía de amor. Esa misma energía se expande por tu pecho y rodea todo a tu alrededor: pájaros, niños, animales, plantas. Tu pecho se agranda, te sientes afortunada, agradecida y bendecida por ese bienestar y esa buena energía, por esa vibra que se sube, que sientes. Recoges esa luz, de nuevo, en tu pecho. Finalmente, vas volviendo a ti contando del diez al uno, empiezas a mover los pies, el pecho, el cuello, las manos y abres los ojos con suavidad.

Escribe cómo te has sentido. Recuerda agradecer este ratito de sanación y las bendiciones del día anterior.

Todo lo bueno está dentro de ti, siempre lo has llevado dentro.

Muchas veces manifestamos sin darnos cuenta. Tenemos a alguien alrededor que te da la respuesta de algo a lo que llevas dándole vuelta días, encuentras la respuesta en un gesto, en una canción o simplemente alguien te tiende una mano y te sorprende.

«Son milagros diarios, que muchas veces pasan desapercibidos, sin darnos cuenta, pero si aprendemos a parar un momento y a observarlos, están ahí. Agradécelos».

Es tu misma energía. Tu energía vuelve a ti.

Eres un gran manifestador, créetelo. No te habías dado cuenta, por eso es bueno apuntar tus pequeños milagros, para poder mirarlos, en tu libreta, cuando mires hacia atrás.

Te has dado cuenta de que las pequeñas cosas suman. Esos pequeños ladrillos que vas poniendo hasta hacer una pared.

Gracias dios, universo, energía, guías, en lo que creas, por hacerme cada vez más feliz y abundante en todos los sentidos.

Todo empieza a cambiar a tu alrededor, para el bien tuyo y el de los demás. Esa energía vibra para el bien de todos. Las personas son más amables contigo cuando tú sabes serlo con ellas. Eres grande, créetelo.

Un pequeño gesto marca la diferencia.

DÍA 6

¿Hay algo que debas sanar? Piénsalo.

Todo tiene un porqué y un para qué.

Si has tenido alguna situación difícil, algo que ya ha pasado, pero que te duele, piensa: «¿Por qué me pasó? ¿Para qué me pudo pasar?».

Detrás, mira detrás, hay una enseñanza.

Todo tiene un porqué y un para qué, una enseñanza. Búscala y aprende de ella.

Siempre que no sea una situación de acoso o maltrato, en ese caso pide ayuda, esas situaciones no tienen justificación. A excepción de esto, siempre hay un propósito, una enseñanza, algo que aprender.

En mi caso, fue una compañera de trabajo. Empecé a buscar mi paz interior, escuchar a mi interior, dejarme fluir y ser yo.

Dejarme fluir fue una de las mejores decisiones que he tomado en mi vida.

Gracias a ello aprendí que todos venimos con un propósito de vida, de alma. Me dejé fluir y dejé lugar a mi intuición. Esa situación me hizo despertar y empezar a ser yo.

Mi paz mental, mi paz interior. La paz para mí acabó siendo paz para todos a mi alrededor.

Esa situación me hizo cambiar, aprendí a escucharme y a confiar en mí. No fue fácil, pero fue muy acertado. Muchas veces nos empeñamos en complicarnos la vida, en buscar una solución y la solución la tenemos delante, lo que pasa es que no la vemos.

El dedicar ese ratito por las mañanas, nos ayuda a despeja la mente. Agradecer desde el corazón nos llena de abundancia, de bienestar y de paz. Ese bienestar y esa paz nos hacen mejores, ya que el día lo empiezas radiante y lo transmites a los demás.

«Tu mente te hace grande, tu alma te da la grandeza y la transmites».

EL PERDÓN

Muchas veces nos hacemos responsables de algo que nos duele y que quizás no fue culpa nuestra. Si no es tu culpa, suéltalo. No te sientas mal por algo que no tiene remedio, en cambio, si te has equivocado, rectifica, hazte responsable de tus actos. Si fue culpa tuya, pide perdón y hazte responsable de tus actos.

Si es algo que te haya dolido de otra persona, háblalo si es posible; si no, perdónalo, aunque no te haya pedido perdón. Perdónalo por ti, pasa página, por tu paz mental, y si esa persona no tiene en cuenta tus sentimientos, aléjate de ella, intenta no chocar más, y si es que tienes que estar en contacto con ella, aclaralo, que no vuelva a ocurrir más.

La paz interior también significa hacernos responsables de nuestros actos cuando nos equivocamos y rectificar siempre que sea posible.

La verdad nos honra, nos hace personas de bien, personas de confianza.

No hay mejor almohada que una conciencia bien tranquila.

Si te sientes bien con los demás y contigo mismo, te sentirás en paz.

Meditación del perdón

Cuando es algo que no ha estado a tu alcance, alguna situación que no has podido remediar quieras perdonar a alguien que no se quiere dar cuenta o simplemente no lo ve como tú, cuando necesites un perdón para seguir adelante, haz esta meditación y te sentirás mejor.

Relaja todas las partes de tu cuerpo, empezando por los pies.

Respira profundamente tres veces, suelta el aire despacio y entra en un estado de relajación.

Imagina que vas andando por un riachuelo que tiene el agua cristalina y limpia. Descalza, vas caminando por el césped y sientes su frescor. Metes los pies en el agua, esa agua clara y cristalina. Una luz blanca entra por tu cabeza, limpiando tu energía y recorriendo todo tu cuerpo y sale por tus pies. Toda esa energía de tristeza, esa energía sucia se va directamente por el césped y se purifica con el agua del riachuelo, después sientes cómo tu pecho se expande y sale una perla morada del perdón, que se limpia yendo hacia el cielo. Con los rayos del sol vuelve a tu pecho llena de energía, te sube la vibra limpia y la purifica, llena tu pecho de amor, orgullo y esperanza. Esta perla te llena también de calma y gratitud, agradece a dios, al universo, a la energía o a los guías este ratito de sanación y purificación. Ve volviendo. Mueve los pies, los tobillos, las manos, los brazos, el cuello, siente tu respiración, abre los ojos despacito. Anota cómo te sientes, continúa.

Todos somos libres de tomar nuestras decisiones, libres de nuestros actos, libres de decidir.

«Libres de perdonarnos y de perdonar». Por una vida mejor. «Seamos libres y felices».

Libertad para nosotros, para los demás, para caernos y para levantarnos, para aprender de nuestros errores, y para guiar y dejarnos guiar.

Cuando el corazón habla, la mente calla, hazle caso.

DÍA 7: BALANCE

Repasa la semana y descansa. Haz aquello que te hace feliz.

SEMANA 3

EL PODER DE LA PALABRA

Nuestras palabras tienen mucho poder; si a un niño pequeño le dices, cuando se le cae un diente, que si lo deja debajo de su almohada viene un ratón cuando esté dormido y se lo cambia por una moneda, ese niño se quedará dormido esperando a que ese minúsculo ratón vaya a visitarlo. Cuando se despierte, sus ojos se llenarán de alegría sus ojos, se llenarán de ilusión y dirá: ha estado aquí; no lo he visto, pero ha estado, me ha dejado una moneda. Lo mismo pasará si le dices: eres listo; eres inteligente; puedes lograrlo, inténtalo otra vez, tú puedes; se lo cree y al final lo acaba logrando.

No les hables de sus defectos; corrígelos diciéndoles lo bien que saben hacer las cosas cuando lo intentan; que, si no les sale a la primera, confías en que al final, tarde o temprano, le saldrán las cosas bien; que son unos campeones y lo pueden hacer todo muy bien y lograrlo todo.

«Se lo creerán y lo lograrán».

Lo mismo pasa cuando te lo dices a ti: te lo crees y lo logras.

¿Te acuerdas del dormitorio que tenías cuando eras pequeño? ¿Tienes recuerdos bonitos con más

37

personas? ¿Qué te hubiera gustado hacer de pequeño? ¿Lo cumpliste?

Lo mismo pasa con los niños, se acordarán de muchas cosas cuando sean grandes, por ello, créales recuerdos bonitos, préstales atención. La casa puede esperar, el teléfono también, pero los niños crecen.

DÍA 1: FRASES DE PODER

Hay frases que puedes repetir en tu mente a diario, como un mantra. Las puedes repetir siempre que te apetezca y te acuerdes, gracias a ello tus ideas y tu mente estarán más alineadas y claras.

Estas frases se pueden usar para reforzar tu autoestima, tus sueños y tu felicidad.

Quédate con una frase por día, siempre en positivo, en afirmativo.

Siéntelas en el centro de tu pecho para ponerles intención. Te pongo algunas aquí:

- Soy poderosa. Soy generosa. La energía viene a mí, radiante de felicidad.
- La energía viene a mí en abundancia, yo formo parte de esa energía.
- Me siento bien. Soy feliz.
- Todo vibra en abundancia, paz y amor.

- Soy poderosa, emerjo en amor, paz y abundancia.
- Soy feliz, estoy en abundancia económica y espiritual.

Repite estas frases dónde y cuándo te apetezca. Apúntalas, ponlas en un sobrecito, cuelga una en tu panel de visualización o donde la veas, tenla a la vista y repítela varios días cada vez que te apetezca.

Te enseño a canalizar tus propias frases con la siguiente meditación.

Meditación para canalizar tus propias frases de poder

Nos ponemos en una postura cómoda. Relaja tu cuerpo, desde los dedos de los pies hasta la cabeza, pasando por los pies, los tobillos, las rodillas, las caderas, el estómago, el pecho, el cuello y los brazos.

Haz cuatro respiraciones. Coge el aire en cuatro segundos, reten en otros cuatro y suéltalo en otros cuatro.

Siente cómo, en la siguiente respiración, una luz te entra por la nariz, recorriendo y limpiando todo tu cuerpo, limpiando tu energía; siente cómo te sale en forma de humo negro por la nariz y se purifica con los rayos del sol.

Estás en una playa, descalza, andando por la orilla. Sientes cómo el agua fresca te golpea los pies, dejándote una sensación de frescura y bienestar. Llegas al final de la playa, donde hay unas rocas cubiertas de agua. Empieza a bajar ligeramente la marea y ves que ahí están tus frases, incluso puedes leer alguna de ellas. Respiras hondo mientras la repites. Vas moviéndote y saliendo de la visualización. Respira, muévete despacio, abre los ojos. Repite la frase varios días.

Después, puedes repetir esta visualización cuando quieras.

Recuerda, las frases de poder siempre en positivo. Si no la has llegado a ver, puedes ir usando las que te dejé.

Anótalas nada más terminar la visualización, tal y como las hayas visto, para que no se te olviden.

Repítelas, sintiéndolas en el centro de tu pecho, para hacerlas más efectivas.

Agradece este ratito de sanación.

DÍA 2: VALORES

«Haz que tus valores prevalezcan, que cuando mires hacia dentro te sientas orgulloso de ti».

Valores son los que desde pequeños nos enseñan la familia, los abuelos, los padres, aquellas personas que nos quieren y nos cuidan. Son esos pequeños gestos que rigen nuestro carácter. Gracias a ellos nos vamos convirtiendo en las grandes personas que somos hoy.

«Honra a tu familia y te honrarás a ti mismo».

En los valores tienes que distinguir lo que realmente valoras TÚ, eso que te gusta. Primero lo tienes que hacer ver en ti, los demás harán contigo un reflejo de lo que tú les das a ellos, por eso mismo saca lo mejor de ti.

Debes de saber distinguir lo que realmente valoras. Por ejemplo, si eres una persona que valora mucho la lealtad, la honestidad y la sinceridad, esos valores los tienes que hacer ver en ti. Las demás personas los verán y se comportarán de igual manera contigo.

Si hablas con sinceridad, los demás serán sinceros contigo también. Tu energía volverá a ti, la energía de tu alrededor será más sana, todo vibrará en la misma armonía.

Haz una lista de valores. Desde el que más aprecias al que menos. Enfócate en uno cada día de la semana. Empieza hoy.

DÍA 3: SINCERIDAD

Pondré un ejemplo; al menos para mí tiene mucha importancia la sinceridad.

Uno de mis días decidí observarlo en mí. Yo soy una persona sincera, siempre digo las cosas como son, con sinceridad, bien dichas y con humildad, y siempre con educación. Las personas me responden igual, son sinceras.

Me observé y eso me generó confianza, como es algo que llevo incorporado, también genero confianza en los demás.

DÍA 4: HONESTIDAD Y HONRADEZ

Otro ejemplo, de honestidad y honradez. Hay veces que tienta no ser honesto, pero no compensa nada. Si quieres que sean honestos contigo tienes que serlo tú con los demás.

¿Qué pasa si en un comercio te dan el cambio mal? Supón que pagas con cincuenta euros, el comerciante se confunde y, en vez de darte treinta euros, te da veinte. Rápidamente, antes de guardar el dinero, le pides los diez euros que te faltan.

¿Qué pasa si es al contrario? Te da diez euros de más. Si lo llevas incorporado, no dudarás en dárselos al momento; si no, dudarás. Piensa que la energía que mueves vuelve a ti. Cuando eres honrado, no tiene precio. Esos diez euros no eran tuyos, así que ahora tampoco lo son.

Llévate el agradecimiento, que es una de las energías más altas que hay; no te lleves el coraje de esa persona al hacer la caja, si después de trabajar encima tiene que poner el dinero de su bolsillo.

Sé honesto y sincero con los demás, no te quedes con nada de nadie, agradece lo que tienes. Todo está a tu favor.

DÍAS 5 Y 6

Sigue con tus valores, uno por día. Obsérvalos e incorpóralos en tu día a día, en tu vida.
Vibrarás en abundancia; serás tu única esencia.
Los valores que das son los mismos que recibes.

DÍA 7: BALANCE

Dale un repaso a esta semana. Apunta cómo te has sentido, mímate, cuídate y valórate. Tú también eres una persona de múltiples cualidades.

Meditación de los valores

Siéntate en una postura cómoda. Ve relajando tu cuerpo, empezando por los dedos de los pies, y siguiendo por los pies, los tobillos, las rodillas, las caderas, los hombros, los brazos, las muñecas, los dedos, el cuello, la boca, la nariz y la frente.

Cuenta del cuatro al uno, cogiendo aire. Retenlo en dos, suéltalo en seis, así cuatro veces.

Imagina que estás en un bosque, empiezas a caminar, pero está oscuro, sigues caminando y ves al final del camino una luz. Sales a un prado verde, sientes una suave brisa que te da en la cara; sientes el calor del sol en tu cuerpo. Te sientes realmente bien, por ello empiezas a relajarte cada vez más. Respiras despacio, sientes cómo ese aire fresco y puro llega a tus pulmones, limpiándolos a su paso y limpiando tu cuerpo. Con cada inspiración, ese aire limpia tu energía, y con cada expiración sale toda esa negatividad y esas impurezas que puedes tener en tu cuerpo, purificándose ese aire con los rayos del sol al salir.

Un rayo dorado entra por tu cabeza y sale por tu pecho, rodeándote a ti y a todo lo que tienes a tu alrededor: plantas, animales, personas. Todo se llena de una onda dorada de amor, gratitud, abundancia, energía, felicidad… son tus valores. Esa honda dorada se hace cada vez más grande y brillante. Pasados unos minutos va volviendo a ti, al centro de tu pecho, te sientes agradecida y afortunada. Da las gracias por este ratito de sanación.

Cuenta del diez al uno despacio. Ve sintiendo la respiración y moviendo tu cuerpo en esta cuenta. Abre los ojos despacito, ya estás de vuelta.

Apunta qué has sentido. Apunta los avances de esta semana, cómo te encuentras. Agradece estos momentos de bienestar y las actitudes positivas de esta semana.

SEMANA 4

DÍA 1: TUS AFICIONES

Eso que te hace tan especial y que te gusta hacer, hazlo. Disfruta, diviértete, coge un día para hacerlo.

«Disfruta, experimenta, sueña, vuela tu imaginación, vive».

Mira qué puedes hacer, aunque sea un ratito. Si en un ratito no puedes, márcate un día, pero hazlo.

DÍA 2

¿Has pensado alguna vez en lo mucho que te gusta cuidarte?

A veces, en muchas ocasiones, estamos tan pendientes de los demás que no nos acordamos de nosotros.

Piensa en algo que tienes ganas de hacer, pero que siempre dices: «Más adelante, otro día, en una ocasión especial». Hoy es tu ocasión especial.

No guardes ese reloj ni ese vestido para una ocasión especial, todos los días son especiales por el solo hecho de vivir.

Disfruta lo que tienes, siéntete bien.

¿No te ha pasado alguna vez que has guardado un vestido, una camisa, un pantalón para una ocasión especial y cuando ha llegado el día de ponértelo han pasado tantos meses que no te está bien?

«Disfruta el día a día, disfruta el momento y los momentos».

Disfruta los momentos; todo momento es único, siéntelo y vívelo.

Hoy es el día de ponerte esa blusa, tomarte ese helado, ver ese atardecer, estar sola, con amigos o con familia, como tú quieras. Es el momento de ser feliz.

Tienes libertad. Tienes el mundo en tus manos.

Cada camino es un aprendizaje.

Cada aprendizaje, un mundo.

Cada mundo, una persona.

Cada persona, única y especial.

Al igual, que no tenemos un dedo de la mano igual, no hay dos almas iguales.

Cada alma y cada persona tienen un camino, un aprendizaje distinto. Coge el tuyo.

El que a ti te llame y te vibre.

DÍA 3: ESTADO DE ÁNIMO

Gestiona tu estado de ánimo. Tu vibración se mantendrá alta si te aceptas y aceptas cómo estás. No tapes ningún sentimiento, acéptalo.

El amor es la vibración más alta que hay. Quien vibra en amor vibra en abundancia.

Eso no quita que, en ocasiones, nos sintamos tristes o nos enfademos. No lo tapes, no finjas.

Si la tristeza o el enfado tienen solución, soluciónalo; si no es así, ve soltándolo poco a poco. Acéptalo y suéltalo como tu alma te pida. Acéptalo, sigue adelante, céntrate en las cosas bonitas que te estén pasando, aunque ya sabes: saca el aprendizaje de todo y sigue adelante.

Si es alguna injusticia, ponte al lado de lo que sea justo, para ti o para los demás. Si te has equivocado, rectifica; si no, asúmelo. No eres perfecto, pero sí buena persona.

Todo llega.

Todo pasa.

Todo cambia.

DÍA 4: VIVIR EL MOMENTO

Disfruta los momentos. Estamos en metamorfosis, como las mariposas.

Primero esa oruguita que se va arrastrando y decide evolucionar. Ella solita busca un lugar tranquilo, como una ramita, se cuelga y hace su capullo. Cuando sale, se ha convertido en algo maravilloso: una mariposa de alas grandes llena de color, esa maravilla de la naturaleza que vuela en libertad, eligiendo su camino.

Tú ya estás en libertad, eligiendo tu camino, seguramente ya estás realizando cambios. Eres un alma poderosa que emerge abundante y feliz.

Sigue tu intuición. Haz lo que te hace feliz, siéntelo, deja que ese sentimiento te haga feliz, que la vida te sorprenda de vez en cuando sin esperarlo. Disfruta.

Cuando te sientas feliz, deja ese sentimiento fluir en el centro de tu pecho, por todo tu cuerpo. Aparece como una luz rosa de amor que sale de tu pecho y se expande, rodeándote a ti y a todos a tu alrededor, contrayéndose después en el pecho, haciéndote vibrar en amor y felicidad. Disfruta el momento.

«A veces hay momentos y personas irrepetibles, disfrútalos».

SOBRE TODO, VIVE.

«Un día me di cuenta de que empecé a cambiar yo y empezó a cambiar mi mundo».

Aprendí a escucharme, a hacerme caso, a sacar ese yo interior tímido; empecé a fluir, a hacerme caso. Empecé a ser yo.

Disfruta como un niño, salta, baila, canta, haz lo que te apetezca en el momento que quieras, siente los latidos de tu corazón, siéntete vivo.

Las buenas experiencias y los buenos momentos estarán siempre dentro de ti, en soledad o con esas personas, amigos, familiares o animales. Para los que tenemos animales, ellos son familia y forman parte del vínculo que tenemos en el hogar. Son esos los momentos que vamos a llevar siempre en el corazón, tanto nosotros como los demás.

«Llevemos en nuestro corazón y en el de los demás momentos bonitos, esos momentos que te sacan una sonrisa al recordarlos».

DÍA 5: CELEBRACIÓN

Celebra tus logros. Mira con ilusión hacia delante.

Meditación de la mente poderosa

Ponte cómoda o cómodo. Empieza relajando el cuerpo, poco a poco, empezando por los dedos de los pies, y siguiendo con los pies, los tobillos, las rodillas, las caderas, los brazos, las manos, el pecho, los hombros, el cuello, la boca, los ojos y el cuero cabelludo.

Respira. Coge aire en seis, retén en dos, suelta en siete segundos.

Imagina que andas sobre un prado verde y pasas la mano abierta por las flores, te viene incluso ese olor fresco de césped húmedo recién cortado y flores bañadas con el rocío de la mañana. Está amaneciendo. Ves esos primeros rayitos de sol, tiñendo el cielo de colores anaranjados. Es maravillosa la sensación de paz que tienes. Con tu respiración, sientes una luz blanca que te entra por la nariz, limpiando todo tu cuerpo, te sale por la boca, dejando ir cualquier impureza o energía densa que pudieses tener.

Sigues andando. Al final de ese prado verde tan hermoso ves todos los momentos que pusiste en el panel, los que ya has vivido y disfrutado y los que estás viviendo, y ves que estás viviendo ahora mismo los que te faltaban por cumplir. Estás disfrutando un montón, te sientes merecedora y agradecida por todo lo que estás viviendo. Sientes una sensación de paz y bienestar en el centro de tu pecho.

Disfrútalo y, pasando unos minutos, vuelve a contar del diez al uno y empieza a mover los pies, las piernas, los brazos, las manos, el cuello, con suavidad. Abre los ojos despacito.

¿Cómo ha ido? Apunta cómo te sientes.

Tómate ese helado, ese café, baila esa canción, celebra tus logros.

DÍA 6: TUS METAS, TU FELICIDAD

Por eso es importante empezar por metas pequeñas y fáciles de conseguir, para ir cogiendo confianza. Te das cuenta de que tú sí puedes.

«Los grandes cambios empiezan por pequeños gestos».

Los árboles empiezan por una pequeña semilla y pueden llegar a ser grandes y hermosos.

Si tú plantas una pequeña semilla en la tierra, la riegas, la cuidas, esperas a que crezca, cuidas que no se parta cuando esté creciendo y celebras cuando florece, con tus sueños pasa igual. Siémbralos, riégalos, cuídalos, celebra cuando florezcan. Con muchos pequeños gestos puedes cambiar tu alrededor.

Los grandes sueños se cumplirán también. Solo tienes que ser constante, perseverante y encontrar la manera.

Recuerda, todo llega. Todo pasa por algo.

Si te caes, te levantas, te sacudes las rodillas y dices: «Ahí voy». Si así no era, cógete otro camino; solo tienes que aprender de tus errores y encontrar el camino correcto.

Algunas veces tenemos la solución delante de nosotros; por eso, tenemos que dedicarnos ese ratito a nosotros mismos, para escuchar y escucharnos a nuestro interior.

Meditación de la solución

Relaja tu cuerpo desde los dedos de los pies, y sigue con los pies, los tobillos, las rodillas, las caderas, la barriga, el pecho, los hombros, los brazos, las manos, el cuello, la mandíbula, la nariz, los ojos y la frente.

Respira en cuatro segundos, retén en dos, suelta en seis.

Imagina que vas por un campo. Te ves con tu sueño, lo ves al final, también ves varios caminos. Pasas por uno de ellos y estás viendo cómo puedes hacerlo, es una opción de cómo solucionar o llegar a donde quieres. Solo lo tienes que intentar.

Ahí tienes una opción de cómo hacerlo.

Ve volviendo. Mueve los pies, los brazos, las caderas. Ve volviendo. Respira. Apunta lo que has visto y dale una vuelta. Si se puede intentar, si es viable, ahí tienes una opción.

No pasa nada: si te caes, te levantas. Pero ¿y quedarte con la duda de qué hubiera pasado si hubieras hecho algo o si hubieras ido? ¿Las ganas del deseo no cumplido no son peores?

Imagina que vas por el campo y al final del camino está tu meta. Tu mente. Llegas al camino, te centras en por dónde ir, en cómo llegar y llegas a tu meta, que está bien. Tu alma. Llegas al camino de campo, vuelves a ver tu meta. Sin perderla de vista, te fijas en que por el camino hay un riachuelo, te mojas las manos con esa agua fresca, también hay un árbol, incluso coges un fruto de ese árbol y te lo vas comiendo, vas disfrutando del camino, llegas y parece que la meta te sabe mejor.

Los dos caminos están bien y te llevan a tu destino, a veces necesitamos tener el aprendizaje y tardar un poco más en llegar, todo está bien. Saca el aprendizaje de todo y, si puedes, disfrutar del camino. La recompensa te sabe mejor si disfrutas del camino.

A veces necesitamos el aprendizaje, por eso se nos hace más largo el camino, no desesperes, que los sueños se cumplen, solo tienes que trabajar el ellos. Encontrarás el camino correcto.

Eres grande y poderoso, siéntelo.

En tu camino, tu evolución. Tu grandeza está ahí. Estás evolucionando, experimentando, echando a volar, sigue así.

Nada es imposible siempre que sean cosas reales. Lo único imposible es tu miedo.

DÍA 7: DESCANSA Y DIVIÉRTETE

¿Cómo quitarse el miedo? Teniendo confianza en uno mismo, siendo persona de fe en uno mismo. Se consigue cumpliendo nuestros valores; los demás los verán en ti y los cumplirán contigo. La energía se expande; cogerás confianza en ti mismo.

Cumple tus promesas. Cumple lo que te planteas para ti, hazlo, no te pongas excusas. Piensa lo importante que es cumplir las promesas a las personas que te importan, también es importante cumplirlas para ti mismo.

Te pongo un ejemplo: llevaba dos meses con una actividad reservada. Me propuse hacer kayak por mi cumpleaños, me hacía mucha ilusión. El día que tenía reservado llovió; el día antes me llamaron los de los kayaks para anularla. La cambié a dos semanas después. Tres días antes llovía y ese día estaba nublado. Pensé en anularlo, pero dije: «Me arriesgo. Si no me llaman para avisar, estará bien. ¿Qué es lo peor que puede pasar? ¿Qué vaya y llueva? Hay chiringuitos y tiendas, algo haré. ¿No es peor quedarse el día de descanso en casa? Luego empieza la semana y no te despejas, y encima te quedas con las ganas de hacer la actividad».

Al final fui a la actividad y me encantó.

Comprométete contigo. Tú eres tu mejor inversión. Confía en ti mismo.

«Quien aprende de sus errores evoluciona buscando la manera de superarse».

«Supera el miedo, porque sabes que solo está en tu cabeza y que tú eres más fuerte».

Si superaste aquella situación difícil que seguro viviste, ¿cómo no vas a superar el miedo, sabiendo que detrás está la puerta a la felicidad?

Solo tienes que encontrar la manera. Ya sabes, empezar por cosas chiquititas. Ve subiendo escaleras poco a poco. El miedo va desapareciendo a medida que coges confianza.

Actúa. En tu ratito a solas contigo mismo puedes empezar a tomar esa decisión; al principio pequeñita, sin importancia.

Escúchate. Escucha a tu corazón. Piensa: «¿Qué quiero hacer? ¿Qué siento que debo hacer?». Como es algo sin tanta importancia, haz lo que te diga tu corazón. Apúntalo en una libreta y observa a ver qué pasa.

A veces, en el momento no sabe si has hecho bien, pero después te das cuenta de que sí, por eso es tan importante que lo anotes en tu libreta y pasado algún tiempo le des un repaso, ahí te das cuenta de lo que pasó después, de la grandeza de tus actos, del camino correcto y de que definitivamente dejan huella en los demás y de que influyen en tu camino.

Tu camino es mucho más gratificante si hay personas que te tienden la mano, igual que tú a ellas.

Meditación de la abundancia

Cuando te relajas y vas a la playa o cuando solo escuchas el mar de fondo y te quedas a solas con tus pensamientos.

Tú solo, tú contigo misma, dejas que tu mente se abra y se expanda; esa claridad de pensamientos, tú solo contigo: mírate hacia dentro, siente que tu amor se expande dentro de tu pecho, piensa en algo bonito, ese recuerdo, que te llena de amor, esa sensación de felicidad.

Esta meditación la puedes hacer en tu casa, en un espacio tranquilo, en la naturaleza o dando un paseo por la playa.

Te lo puedes imaginar mientras disfrutas del paseo.

Empezamos.

Relaja tu cuerpo, comienza por los pies, sigue por las rodillas, la cadera, la cintura, los hombros, los brazos, las manos, los dedos de las manos, el cuello, la boca, la nariz, los ojos y el cuero cabelludo.

Imagina que vas andando por un prado verde, ves unas escaleras que te llevan a la playa. Está amaneciendo. Sigues andando hacia la orilla, sientes cómo esos primeros rayos de sol salen del horizonte, entrando por tu cabeza, con una luz blanca sanadora que va recorriendo todo tu cuerpo, limpiándolo y llenándolo de energía, sientes cómo sale esa misma luz por tus pies, que, al mismo tiempo, esa agua de mar limpia y purifica. El agua brilla con esos colores blancos anaranjados. Te bañas en esa agua. Saliendo del agua, te brilla la piel en tonos dorados de abundancia.

Sientes paz de espíritu y de grandeza en tu corazón. Vas andando y dejas que tu cuerpo se seque con una suave brisa y ese calor del sol, sintiendo esa energía que recorre tu cuerpo y llena tu pecho de felicidad.

Sigues andando. Llegas a un césped y vas subiendo unas escaleras contando del diez al uno, después vas volviendo. Mueves los pies, las manos, las caderas, el cuello y, por último, abres los ojos despacito.

Repite esta meditación siempre que te apetezca.

VIVE EL PRESENTE

A veces es más fácil echar la culpa a los demás de nuestros problemas, es una manera de no afrontarlos, pero, la mayoría de las veces, ese problema volverá hasta que lo afrontes.

En muchas ocasiones es algo que se necesita afrontar y reconocer de primera mano para poder soltarlo y dejarlo ir.

Inconscientemente nos resulta más fácil echarle la culpa al otro, que puede tenerla o no.

Tenemos que ser responsables, mirarnos hacia dentro y pensar: «¿Qué puedo hacer yo para cambiar esta situación?». Si sigues siempre el mismo camino, obtendrás el mismo resultado. Mira tu parte y cámbiala, si es algo que puedas cambiar; y si no, suelta y confía, evita esa situación, perdona y perdónate, no lo hagas por otra persona, si la hay, hazlo por ti, por tu paz mental. Deja salir los sentimientos, déjalos ir, suelta esa situación, ese problema.

Perdona a los demás si es algo que no supieron o no supiste afrontar. Quizá fue una situación que los sobrepasó, igual que a ti. Perdónate a ti mismo, porque quizá solo estabas ahí y en ese momento tuviste que afrontar esa situación lo mejor que pudiste o supiste. Quizá no era tu carga o te dieron una carga demasiado grande en ese momento. No le des más vueltas, suéltalo. Sé feliz, quítate esa mochila si ya pasó y no puedes hacer nada

Empieza a vivir. El perdón te da la liberación. No te estreses por un pasado que no tiene arreglo. Esa situación pasó y se quedó así.

No te estreses por un futuro que no ha llegado. Vive el presente, el hoy, el ahora. Vívelo, siéntelo, disfrútalo.

Valora. A ti mismo siempre. A quien tienes hoy. Lo que tienes hoy. Vivir el presente te hace vivir feliz. Vivir el momento. Disfrutar de la vida.

Quítate de agobios innecesarios. Piensa: «¿Qué tengo hoy? ¿Qué voy a hacer hoy? Y piensa cómo disfrutarlo, teniendo en cuenta siempre tus metas y cómo son las cosas que te hacen ilusión. Mantén siempre la chispa de la felicidad encendida. Las tendrás presentes y verás cómo se cumplen poco a poco.

Es como el primer helado del verano cuando estás todo el invierno con frío. Cuando llega ese día de solecito y te sientas a tomarte ese helado, esperas con ilusión que se vaya derritiendo poco a poco para ir tomándolo y disfrutándolo.

Con los sueños pasa igual, los vas preparando con ilusión, vas disfrutándolos más a medida que se acercan, planeándolos, y el día que llegan los disfrutas a tope.

Vive el hoy. Disfruta el presente con los pies en la tierra y mirando hacia tus sueños. Vivir el presente te libera del pasado, te acerca a un futuro prometedor, mirando y disfrutando el ahora. Teniendo en cuenta tus sueños, te irás haciendo con ellos, sin estrés en tu día a día.

Abre tus planes de futuro con el panel, la hoja de ruta, viviendo el presente.

Tu futuro será bueno, si tu presente es bueno, no te adelantes, no te impacientes, suelta y confía. Vive el hoy, deja atrás el pasado. Solo mira los momentos buenos vividos con amor e ilusión. Vive el hoy.

¿Has escuchado alguna vez que un gesto vale más que mil palabras?

Cuando tienes un gesto con alguien y das con el corazón, no hacen falta las palabras para expresar lo que quieres decir.

Es ese lenguaje universal que solo entiendes si das con el corazón y haces lo que sientes.

Si ese gesto viene acompañado de una palabra, termina de culminar el momento. Una prueba más de que no hace falta hablar para decir todo. Sentir lo que hacemos, llenarnos de luz y de vida, con cada gesto, con cada palabra, e iluminar a los demás con nuestra luz.

Cada persona tiene su luz propia, que brilla a su manera. Cada uno es único.

Nuestros actos tienen efecto rebote, este efecto rebote te cautivará.

Cuando tiendes la mano a una persona que le hace falta, esta persona te la tiende a ti o a otra persona, por el simple hecho de estar agradecida. Tú puedes hacer mejor la parte del mundo que te corresponde, solo con un gesto, una mirada y una sonrisa sincera.

«El agradecimiento mueve montañas».

Es maravilloso ver cómo todo cambia a tu alrededor, que tu corazón se agranda con cada gesto de amor a los demás.

Yo pensaba que el efecto rebote no era para mí. Te hace más grande, más fuerte, más humano.

Cada persona, cada planta y cada animal, todo cuenta.

Me doy cuenta de que cada día empieza una nueva oportunidad de vivir, de ser feliz.

La felicidad está dentro de cada uno, solo hay que mirar hacia dentro: donde te sientas bien y estés contento y a gusto, ahí es.

Viva esta vida cargada de bendiciones.

Viva esta vida cargada de vida alrededor.

Estos agradecimientos diarios me llenan de abundancia, calma y satisfacción. Es una sensación plena en sí misma; es darse cuenta de que tenemos la felicidad dentro; es llorar de alegría porque llegas a esa sensación de bienestar y plenitud; es disfrutar con la sencillez de lo divino, eso que siempre ha estado aquí a nuestro alcance y nunca lo hemos visto por no pararnos a observar, por no dedicarnos unos minutos a nosotros mismos. No nos damos cuenta de que con tan solo unos minutos de introspección para nosotros podemos ser tan felices y provocar ese efecto dominó, esa felicidad se expande en los demás, es simplemente maravilloso.

Efecto dominó: ese efecto por el cual, igual que en el juego del dominó, cuando colocamos las fichas en fila y al empujar la primera caen todas las demás, eso mismo pasa con nuestra energía y su onda expansiva. Cuando una persona es feliz, esa felicidad se contagia a los demás, provocando un efecto sumamente poderoso y expansivo a los demás. Esa onda va cargada con lo que tú le des: paz, armonía, generosidad…

Por eso, da lo que quieres recibir, no cambiarás el mundo, pero tu mundo sí, esa parte que te corresponde a ti. Te rodeas de lo que quieres en tu vida. Eso te da fuerzas para cumplir tus sueños y te hace cada vez más abundante y poderoso.

Tengo que reconocer que me estoy despertando, no me siento sola, estoy más viva que nunca. Me siento fuerte.

Las inquietudes de mi alma me han hecho vivir todo este proceso que fui apuntando, día a día, observándome a mí y que podía cambiar en mí. Observando los resultados de mi andadura en este camino, haciéndolo cada vez más consiente y pleno, transformando lo que no me gustaba en cosas maravillosas que han ido naciendo, dándome cuenta de lo que tengo y apreciándolo también. Este diario me ha dado la abundancia que nunca creí tener tan cerca, abundancia que tengo y que comparto haciendo mi camino cada vez más feliz y pleno.

Lo escribí todo como si fuera un diario, intentando entender lo que estaba pasando. Ahora, cada vez lo veo más claro, esta sensación de querer más y no saber el qué. Después de este proceso me doy cuenta de que tengo una vida plena, de que sigo en este proceso, esto solo acaba de empezar.

El despertar está en marcha. El despertar de conciencia. El despertar del pasado para sanarlo, ya está sanado. El despertar mi presente para vivirlo y disfrutarlo. El despertar mi futuro con esos momentos que achispan la vida; con esos toques de locura que te llevan a ser feliz.

Esos momentos en los que olvidamos que somos adultos y sacamos a nuestros niños interiores.

Ese niño interior que te lleva a mojarte las manos, a saltar, a bailar, a gritar y decir: «¡Estoy vivo!».

Ese niño interior que vuelve a salir, para decir: «aquí estoy». Esa adrenalina que se dispara que todos necesitamos. Ese nerviosismo que experimentamos con algunas experiencias. Ese corazón que se sale del pecho cuando ves a alguien a quien adoras sin esperarlo o llevas tiempo sabiendo que lo vas a ver, cuando haces alguna actividad que llevas tiempo queriendo hacer y superas el miedo. El nerviosismo de hacer algo nuevo y lo haces. Esa sensación de bienestar, satisfacción y gratitud te hace sentir vivo. Ves la grandeza de dios, del universo, de la energía. Esa grandeza llena de luz, alegría y motivación.

«Nuestro niño interior es grande y poderoso, déjalo salir».

¿TE HAS DADO CUENTA DE QUE SIEMPRE ERES TÚ?

Tú con tus pensamientos.

Tú con tus sentimientos.

Tu cuerpo.

Tu alma.

Tu mente.

Tú, la que mejor te entiende, la que sabe lo que hacer para ser feliz, la protagonista de tu historia.

Llena de vida, de luz, de paz y de amor. Cuando te sabes escuchar y aprendes a escucharte, tus pensamientos, a veces, locos, dispersos, pero tuyos, comienzas a entenderte, te cuidas y te quieres.

Eres dueña de tu vida, de tus actos de tu razón de ser. Ten esto muy en cuenta siempre.

Tú eres la única responsable de tu vida y de tu felicidad.

Elige ser feliz, siempre, solo, en pareja con otras personas, como lo sientas.

Si eliges un compañero de vida, elige a quien te aporte, te respete, te quiera tal y como eres, con tus virtudes, tus defectos; que no te juzgue, que simplemente permanezca a tu lado, que te apoye, te anime a hacer aquello que te hace feliz, te respete como eres, igual que tú a esa persona.

«Eres libre de querer y merecedor de que te quieran».

Mereces todo lo bueno que te pase, ya que lo que transmites viene de vuelta.

Las energías se atraen, las buenas personas también. Te rodearas de buenas personas si eres una de ellas.

Todos los días, cuando me miro al espejo me gusta lo que veo, porque doy lo que soy, lo que quiero para mí, lo que me gusta, con gestos, con abrazos, en forma de amor a los demás. Eso me hace sentir bien y me hace sentirme rica en valores, amor y gratitud.

No hay nada mejor que dormir tranquilo y levantarse sintiendo que haces las cosas bien, sintiéndote querido desde que sales por la puerta. Todos son amables y te das cuenta de que eso es el reflejo de lo que tú das, y te hace inmensamente feliz. Ver tantos pequeños gestos y tantos pequeños detalles cargados de amor es maravilloso.

DESPERTAR ESPIRITUALMENTE ES RENACER EN ABUNDANCIA.

La abundancia espiritual es sumamente positiva y poderosa, hace que te sientas capaz de todo, que vayas superando tus miedos y cumpliendo tus sueños. Siempre que lo hagas con amor y desde el corazón, es una sensación inexplicable y gratificante.

GRACIAS DIOS POR ESTAR AHÍ SIEMPRE Y GUIARME.